Impressum
Verlag: BABADADA GmbH, Nedderfeld 112 , 22529 Hamburg
Geschäftsführer / Verlagsleitung: Harald Hof
Druck: Books on Demand GmbH, In de Tarpen 42, 22848 Norderstedt

Imprint
Publisher: BABADADA GmbH, Nedderfeld 112 , 22529 Hamburg, Germany
Managing Director / Publishing direction: Harald Hof
Print: Books on Demand GmbH, In de Tarpen 42, 22848 Norderstedt, Germany

школа
škola

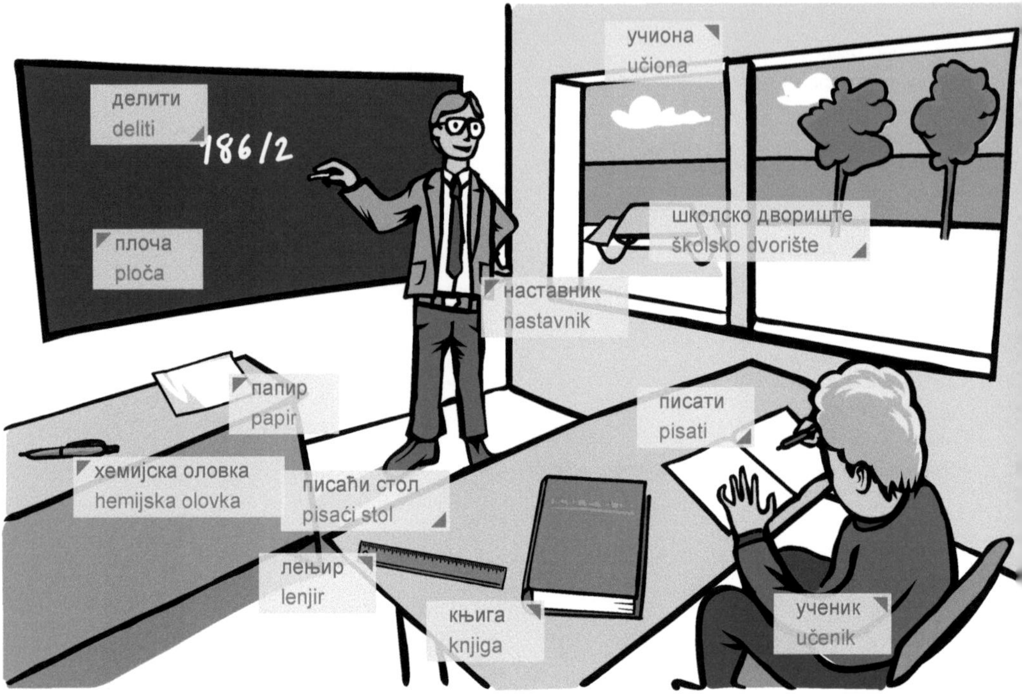

учиона
učiona
делити
deliti
186/2
плоча
ploča
школско двориште
školsko dvorište
наставник
nastavnik
папир
papir
писати
pisati
хемијска оловка
hemijska olovka
писаћи стол
pisaći stol
лењир
lenjir
књига
knjiga
ученик
učenik

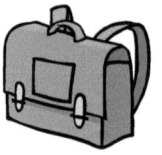

торба
torba

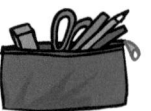

перница
pernica

графитна оловка
grafitna olovka

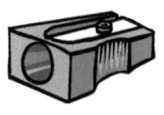

шиљило за оловке
šiljilo za olovke

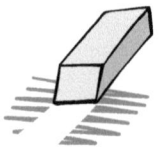

гумица за брисање
gumica za brisanje

блок за цртање
blok za crtanje

цртеж
crtež

кист
kist

кутија са бојама
kutija sa bojama

маказе
makaze

лепило
lepilo

бележница
beležnica

домаћи задатак
domaći zadatak

број
broj

сабирати
sabirati

одузимати
oduzimati

множити
množiti

рачунати
računati

слово
slovo

ABCDEFG
HIJKLMN
OPQRSTU
VWXYZ

абецеда
abeceda

реч
reč

текст

tekst

читати

čitati

креда

kreda

час

čas

дневник

dnevnik

испит

ispit

сведочанство

svedočanstvo

школска униформа

školska uniforma

образовање

obrazovanje

лексикон

leksikon

универзитет

univerzitet

микроскоп

mikroskop

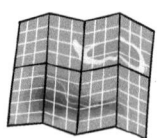

карта

karta

кошара за папир

košara za papir

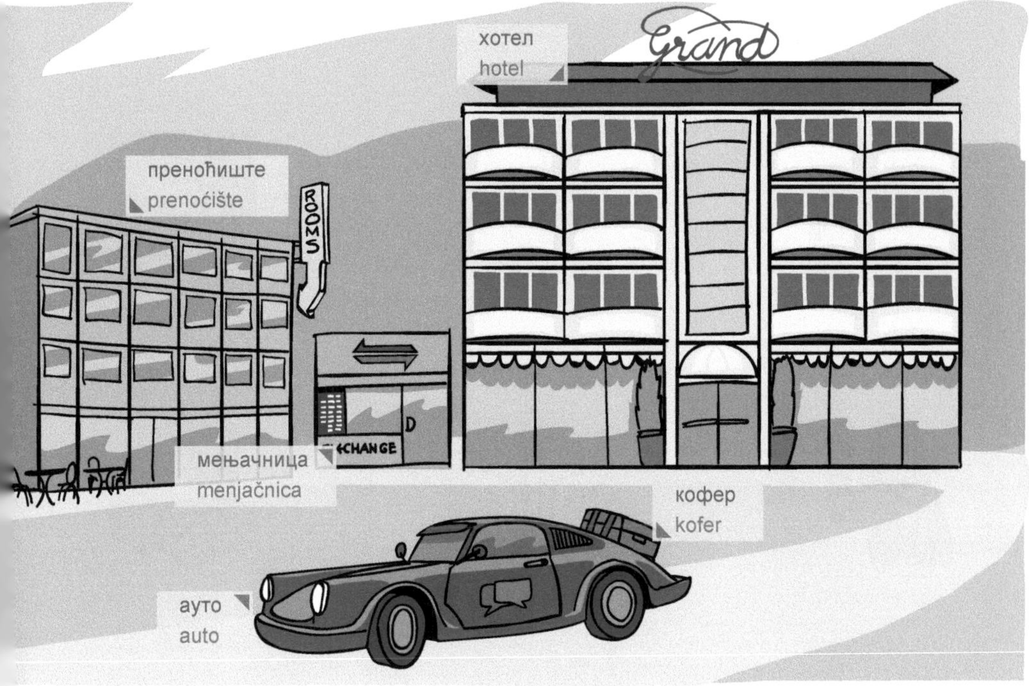

хотел
hotel

пренοћиште
prenoćište

мењачница
menjačnica

кофер
kofer

ауто
auto

језик
jezik

да / не
da / ne

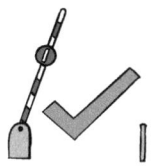

океј
okej

здраво
zdravo

преводилац
prevodilac

хвала
hvala

Колико кошта...?

Koliko košta...?

не разумем

ne razumem

проблем

problem

добро вече!

dobro veče!

Добро јутро!

Dobro jutro!

Лаку ноћ!

Laku noć!

довиђења

doviđenja

смер

smer

пртљага

prtljaga

торба

torba

руксак

ruksak

гост

gost

соба

soba

врећа за спавање

vreća za spavanje

шатор

šator

туристичке информације

turističke informacije

плажа

plaža

кредитна картица

kreditna kartica

доручак

doručak

ручак

ručak

вечера

večera

карта за вожњу

karta za vožnju

лифт

lift

поштанска маркица

poštanska markica

граница

granica

царина

carina

амбасада

ambasada

виза

viza

пасош

pasoš

транспорт
transport

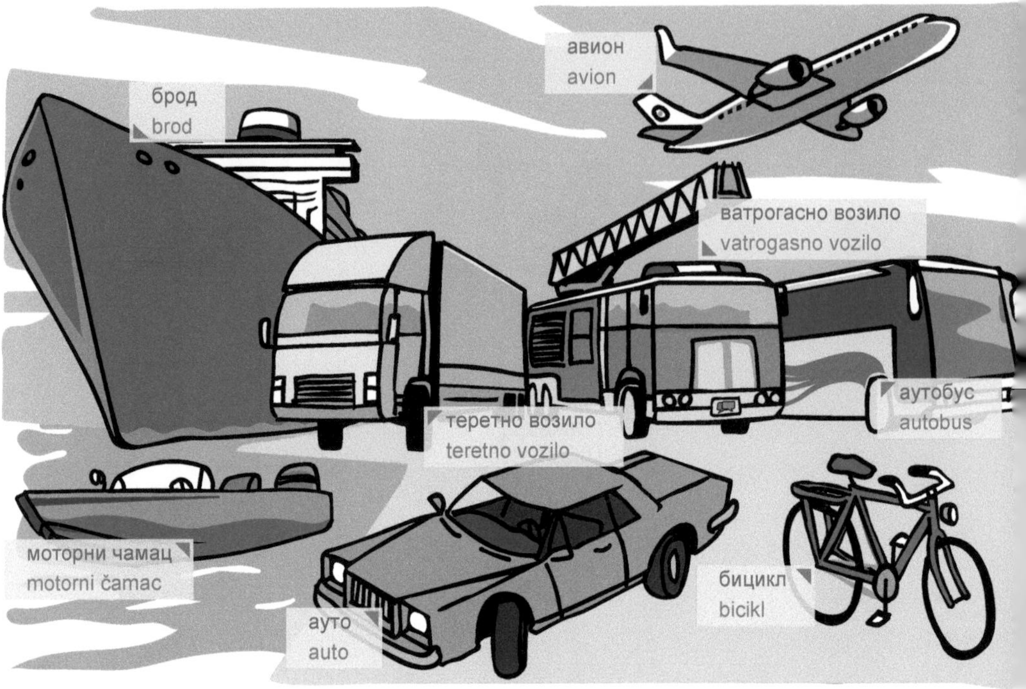
авион
avion
брод
brod
ватрогасно возило
vatrogasno vozilo
аутобус
autobus
теретно возило
teretno vozilo
моторни чамац
motorni čamac
бицикл
bicikl
ауто
auto

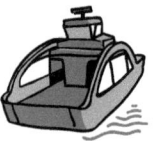

трајект

trajekt

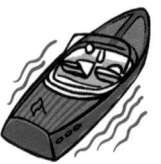

чамац

čamac

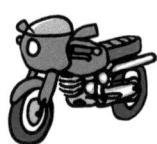

мотоцикл

motocikl

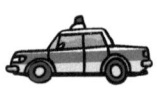

полицијски ауто

policijski auto

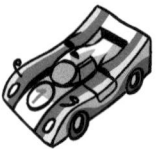

тркаћи ауто

trkaći auto

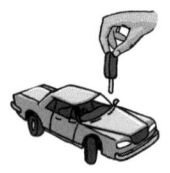

изнајмљено ауто

iznajmljeno auto

дељење аутомобила

delenje automobila

вучно возило

vučno vozilo

возило за одвоз смећа

vozilo za odvoz smeća

мотор

motor

бензин

benzin

бензинска станица

benzinska stanica

саобраћајни знак

saobraćajni znak

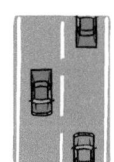

саобраћај

saobraćaj

застој

zastoj

паркиралиште

parkiralište

железничка станица

železnička stanica

шине

šine

воз

voz

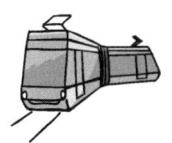

трамвај

tramvaj

вагон

vagon

хеликоптер

helikopter

аеродром

aerodrom

кула

kula

путник

putnik

контејнер

kontejner

картон

karton

колица

kolica

корпа

korpa

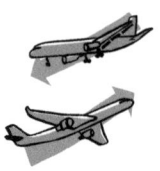

узлетети / слетети

uzleteti / sleteti

град

grad

село

selo

центар града

centar grada

кућа

kuća

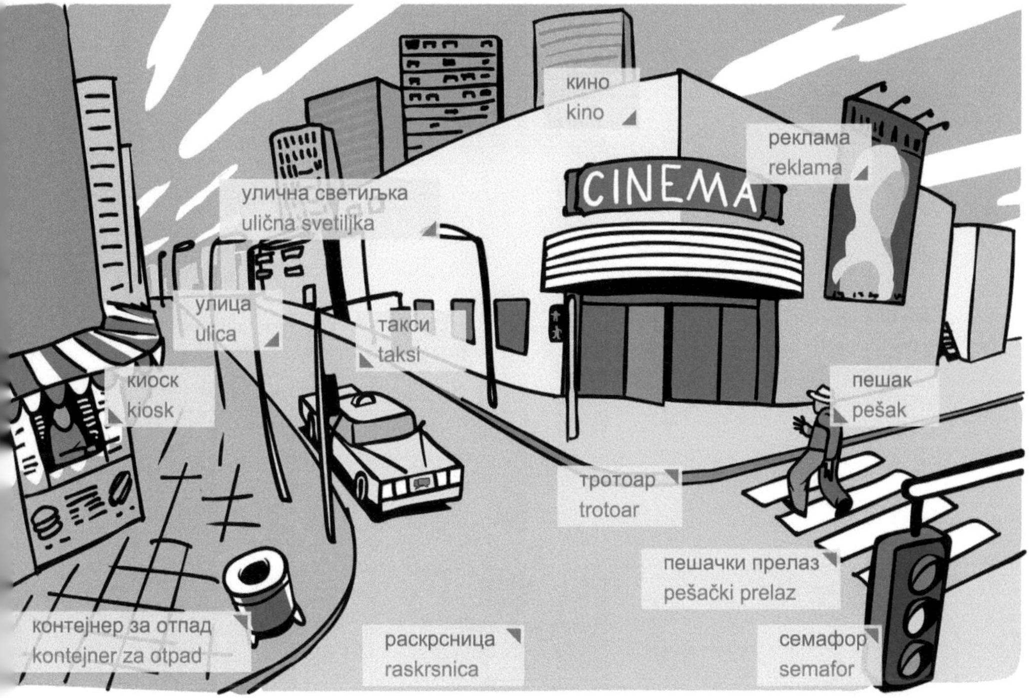

кино
kino
реклама
reklama
CINEMA
улична светиљка
ulična svetiljka
улица
ulica
такси
taksi
киоск
kiosk
пешак
pešak
тротоар
trotoar
пешачки прелаз
pešački prelaz
контејнер за отпад
kontejner za otpad
раскрсница
raskrsnica
семафор
semafor

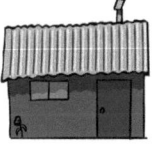

колиба

koliba

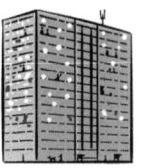

стан

stan

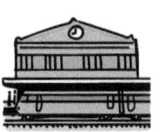

железничка станица

železnička stanica

већница

većnica

MUSEUM

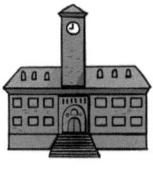

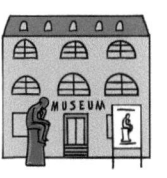

музеј

muzej

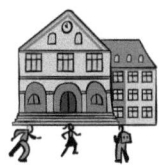

школа

škola

универзитет

univerzitet

банка

banka

болница

bolnica

хотел

hotel

апотека

apoteka

канцеларија

kancelarija

књижара

knjižara

продавница

prodavnica

цвећара

cvećara

супермаркет

supermarket

трг

trg

робна кућа

robna kuća

рибарница

ribarnica

трговачки центар

trgovački centar

лука

luka

парк

park

клупа

klupa

мост

most

степенице

stepenice

подземна железница

podzemna železnica

тунел

tunel

аутобуска станица

autobuska stanica

бар

bar

ресторан

restoran

поштанско сандуче

poštansko sanduče

улични знак

ulični znak

паркирни аутомат

parkirni automat

зоолошки врт

zoološki vrt

базен

bazen

џамија

džamija

сеоско газдинство

seosko gazdinstvo

загађење околине

zagađenje okoline

гробље

groblje

црква

crkva

игралиште

igralište

храм

hram

пејсаж

pejsaž

лист
list

путоказ
putokaz

пут
put

ливада
livada

камен
kamen

дрво
drvo

шетач
šetač

река
reka

трава
trava

цвет
cvijet

долина

dolina

планина

planina

језеро

jezero

шума

šuma

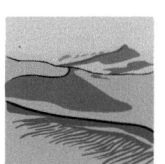

пустиња

pustinja

вулкан

vulkan

дворац

dvorac

дуга

duga

гљива

gljiva

палма

palma

москито

moskito

мува

muva

мрав

mrav

пчела

pčela

паук

pauk

пејсаж - pejsaž

бубa

buba

жаба

žaba

веверица

veverica

јеж

jež

зец

zec

сова

sova

птица

ptica

лабуд

labud

дивља свиња

divlja svinja

јелен

jelen

лос

los

насип

nasip

ветрењача

vetrenjača

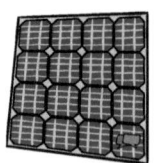

соларна плоча

solarna ploča

клима

klima

ресторан
restoran

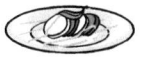

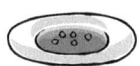

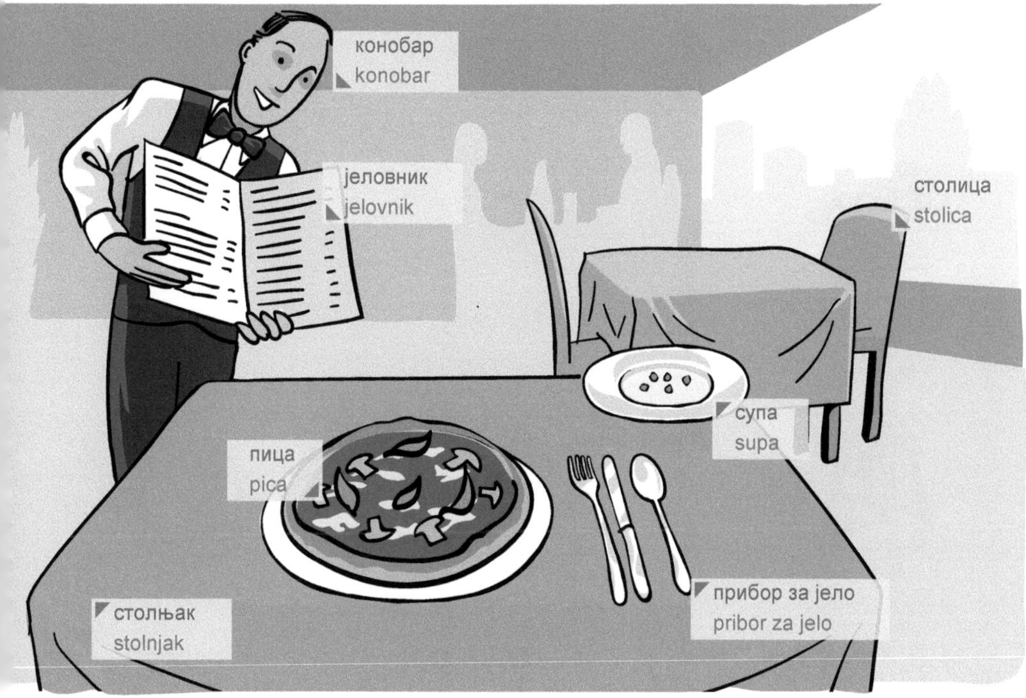
конобар
konobar
јеловник
jelovnik
столица
stolica
супа
supa
пица
pica
прибор за јело
pribor za jelo
столњак
stolnjak

предјело
predjelo

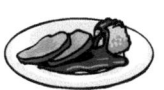

главно јело
glavno jelo

десерт
desert

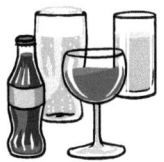

напитци
napitci

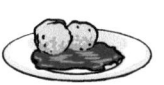

јело
jelo

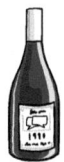

флаша
flaša

брза храна

brza hrana

имбис храна

imbis hrana

чајник

čajnik

доза за шећер

doza za šećer

порција

porcija

апарат за еспресо

aparat za espresso

висока столица

visoka stolica

рачун

račun

послужавник

poslužavnik

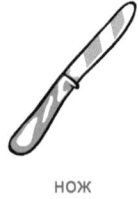

нож

nož

виљушка

viljuška

кашика

kašika

чајна кашика

čajna kašika

салвета

salveta

чаша

čaša

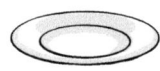

тањир

tanjir

тањир за супу

tanjir za supu

тањирић

tanjirić

сос

sos

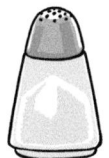

сољенка

soljenka

млин за бибер

mlin za biber

сирће

sirće

уље

ulje

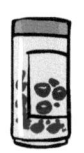

зачини

začini

кечап

kečap

сенф

senf

мајонеза

majoneza

супермаркет

supermarket

понуда
ponuda
FOR
купац
kupac
млечни производи
mlečni proizvodi
воће
voće
колица за куповину
kolica za kupovinu

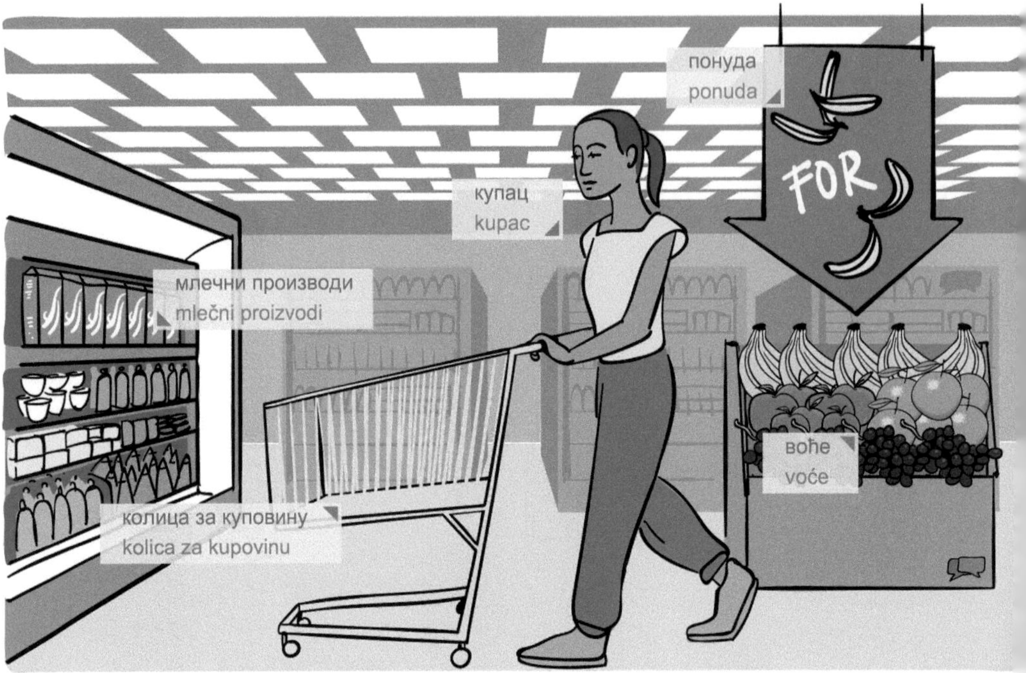

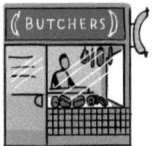

BUTCHERS

месница

mesnica

BAKERY

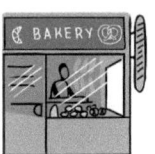

пекара

pekara

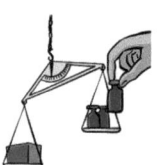

вагати

vagati

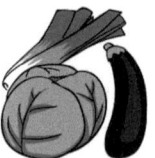

поврће

povrće

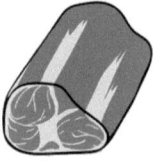

месо

meso

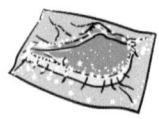

смрзнута храна

smrznuta hrana

нарезак

narezak

конзерве

konzerve

средство за прање

sredstvo za pranje

слаткиши

slatkiši

артикли за домаћинство

artikli za domaćinstvo

средства за чишћење

sredstva za čišćenje

продавачица

prodavačica

благајна

blagajna

благајник

blagajnik

листа за куповину

lista za kupovinu

време рада

vreme rada

новчаник

novčanik

кредитна картица

kreditna kartica

торба

torba

пластична кеса

plastična kesa

вода

voda

сок

sok

млеко

mleko

кола

kola

вино

vino

пиво

pivo

алкохол

alkohol

какао

kakao

чај

čaj

кава

kava

еспресо

espresso

капућино

cappuccino

банана

banana

јабука

jabuka

наранџа

narandža

лубеница

lubenica

лимун

limun

шаргарепа

šargarepa

бели лук

beli luk

бамбус

bambus

лук

luk

гљива

gljiva

орашасти плодови

orašasti plodovi

резанци

rezanci

шпагете

špagete

рижа

riža

салата

salata

помфрит

pomfrit

печени крумпир

pečeni krumpir

пица

pica

хамбургер

hamburger

сендвич

sendvič

шницла

šnicla

шунка

šunka

салама

salama

кобасица

kobasica

кокош

kokoš

печење

pečenje

риба

riba

зобене пахуљице

zobene pahuljice

мусли

musli

кукурузне пахуљице

kukuruzne pahuljice

брашно

brašno

кроасан

kroasan

пециво

pecivo

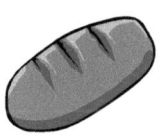

хлеб

hleb

тоаст

toast

кекси

keksi

маслац

maslac

свежи сир

sveži sir

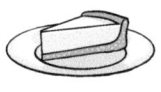

колач

kolač

jaje

jaje

jaje на око

jaje na oko

сир

sir

сладолед

sladoled

шећер

šećer

мед

med

мармелада

marmelada

нугат крема

nugat krema

кари

kari

сеоско газдинство
seosko gazdinstvo

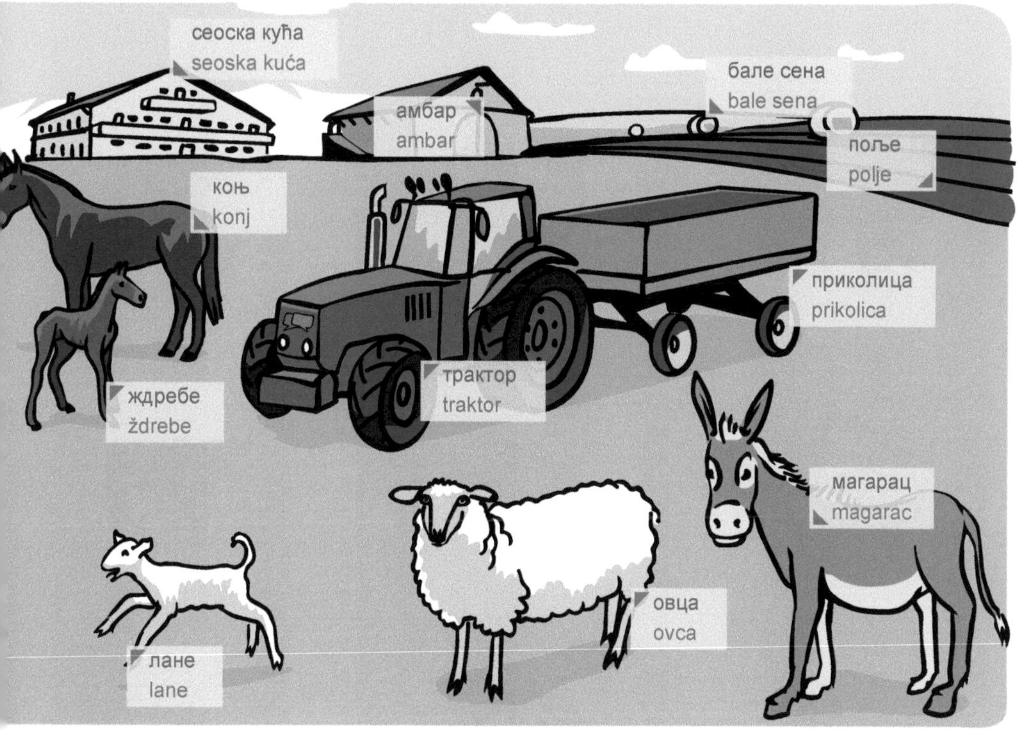

сеоска кућа
seoska kuća
амбар
ambar
бале сена
bale sena
поље
polje
коњ
konj
приколица
prikolica
трактор
traktor
ждребе
ždrebe
магарац
magarac
овца
ovca
лане
lane

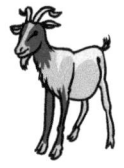

коза

koza

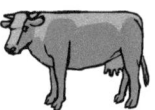

крава

krava

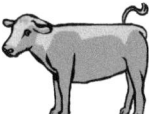

теле

tele

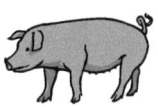

свиња

svinja

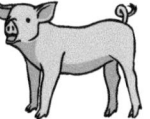

прасе

prase

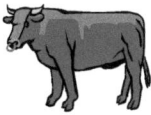

бик

bik

гуска

guska

патка

patka

пилићи

pilići

кокош

kokoš

петао

petao

пацов

pacov

мачка

mačka

миш

miš

вол

vol

пас

pas

кућица за пса

kućica za psa

вртно црево

vrtno crevo

канта за поливање

kanta za polivanje

коса

kosa

плуг

plug

срп

srp

мотика

motika

виљушка за ђубриво

viljuška za đubrivo

секира

sekira

тачке

tačke

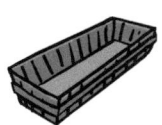

корито

korito

посуда за млеко

posuda za mleko

врећа

vreća

ограда

ograda

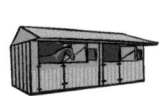

штала

štala

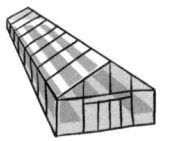

стакленик

staklenik

земља

zemlja

семе

seme

ђубриво

đubrivo

комбајн

kombajn

жети
....
žeti

жетва
....
žetva

јамс зачин
....
jams začin

пшеница
....
pšenica

соја
....
soja

крумпир
....
krumpir

кукуруз
....
kukuruz

уљана репица
....
uljana repica

воћка
....
voćka

гомољ маниоке
....
gomolj manioke

житарице
....
žitarice

кућа
kuća

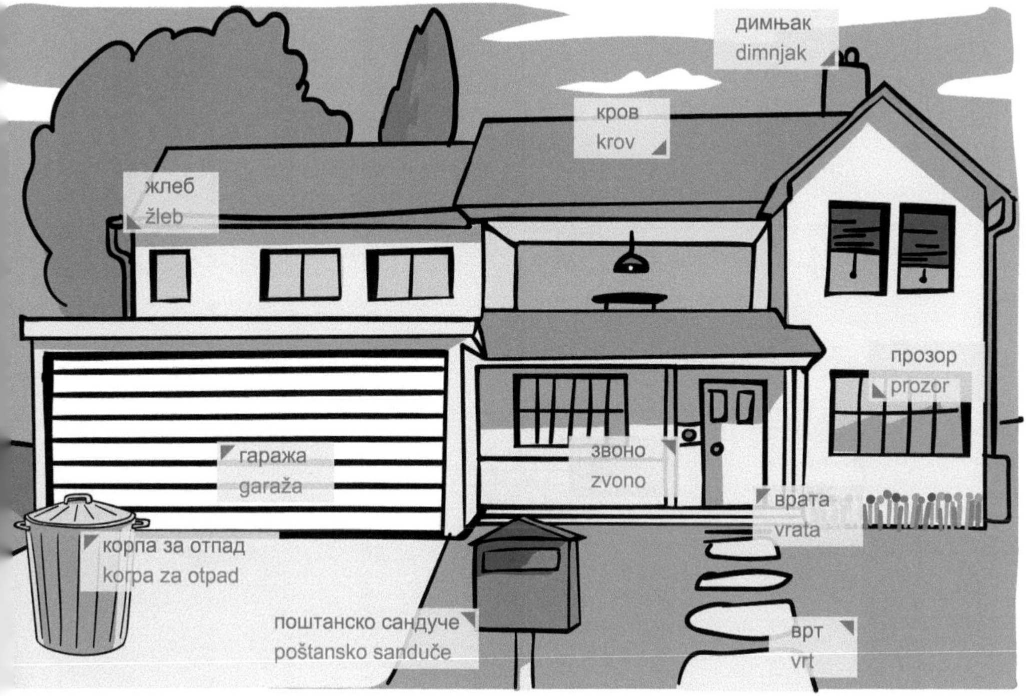

димњак
dimnjak
кров
krov
жлеб
žleb
прозор
prozor
гаража
garaža
звоно
zvono
врата
vrata
корпа за отпад
korpa za otpad
поштанско сандуче
poštansko sandučе
врт
vrt

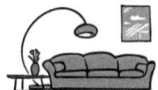

дневна соба
dnevna soba

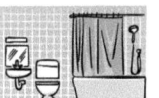

купаоница
kupaonica

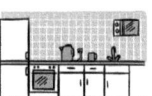

кухиња
kuhinja

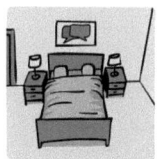

спаваћа соба
spavaća soba

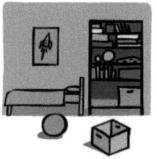

дечија соба
dečija soba

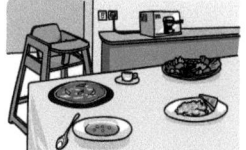

трпезарија
trpezarija

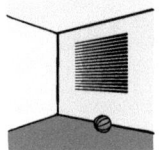

под

pod

зид

zid

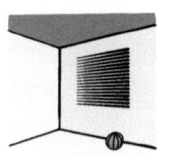

строп

strop

подрум

podrum

сауна

sauna

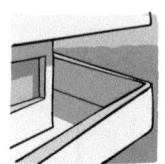

балкон

balkon

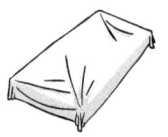

тераса

terasa

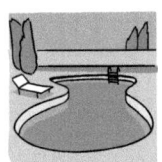

базен

bazen

косилица за траву

kosilica za travu

постељина за кревет

posteljina za krevet

дека за кревет

deka za krevet

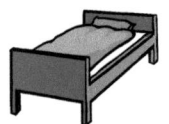

кревет

krevet

метла

metla

канта

kanta

прекидач

prekidač

дневна соба
dnevna soba

тапета
tapeta
слика
slika
светиљка
svetiljka
регал
regal
ормар
ormar
телевизија
televizija
камин
kamin
цвет
cvijet
јастук
jastuk
кауч
kauč
ваза
vaza
даљински управљач
daljinski upravljač

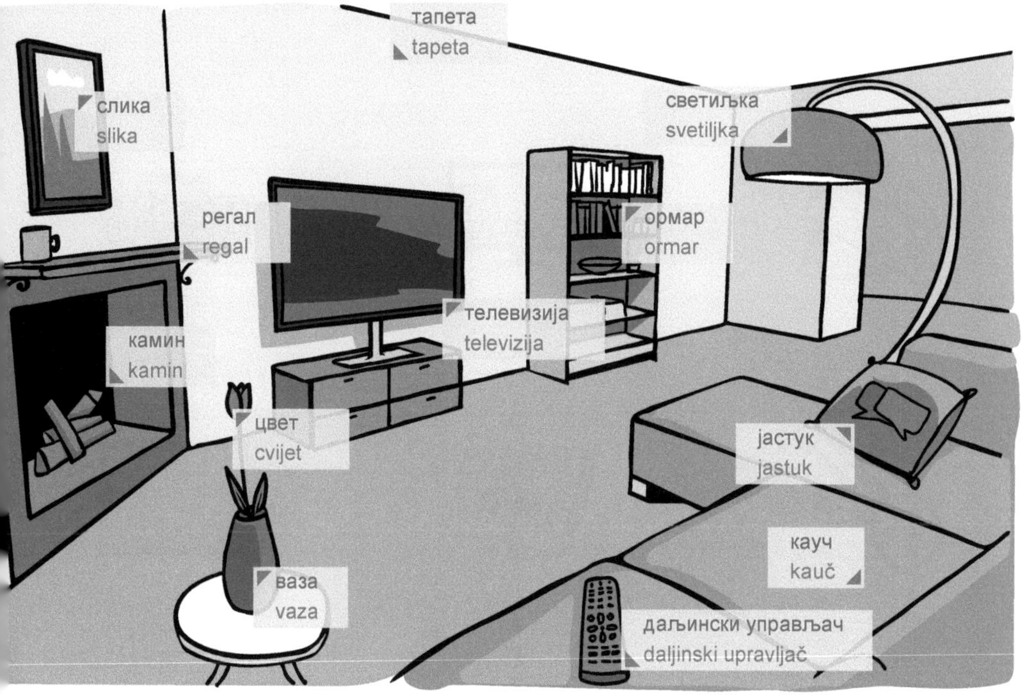

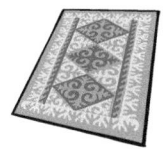

тепих
tepih

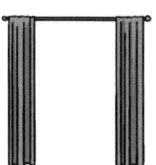

завеса
zavesa

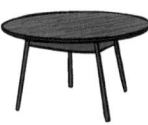

сто
sto

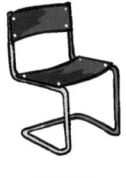

столица
stolica

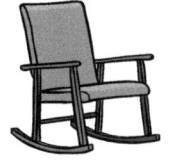

столица за њихање
stolica za njihanje

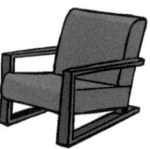

фотеља
fotelja

књига

knjiga

дека

deka

декорација

dekoracija

дрво за огрев

drvo za ogrev

филм

film

хи-фи уређај

hi-fi uređaj

кључ

ključ

новине

novine

слика на платну

slika na platnu

постер

poster

радио

radio

блок за писање

blok za pisanje

усисивач

usisivač

кактус

kaktus

свећа

sveća

кухиња
kuhinja

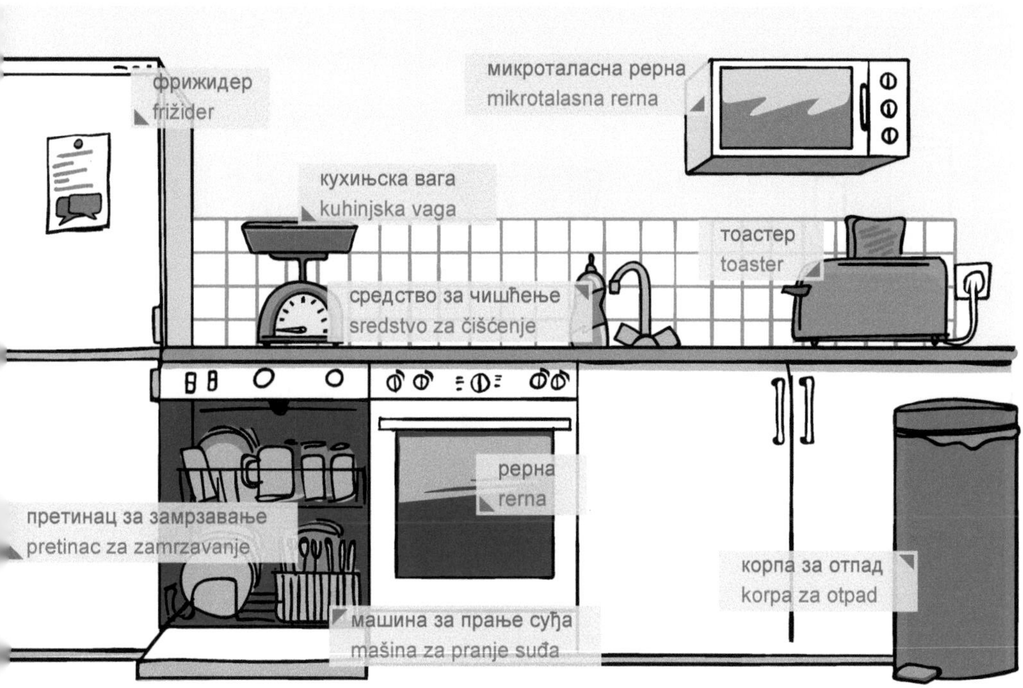

фрижидер
frižider
микроталасна рерна
mikrotalasna rerna
кухињска вага
kuhinjska vaga
тоастер
toaster
средство за чишћење
sredstvo za čišćenje
рерна
rerna
претинац за замрзавање
pretinac za zamrzavanje
корпа за отпад
korpa za otpad
машина за прање суђа
mašina za pranje suđa

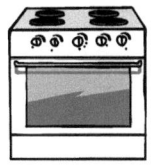

шпорет

šporet

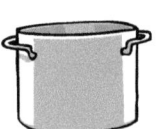

лонац

lonac

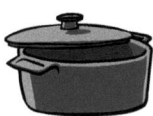

гвоздени лонац

gvozdeni lonac

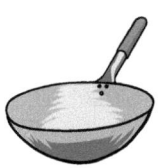

вок / кадаи

wok / kadai

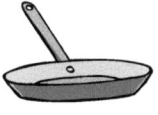

тава

tava

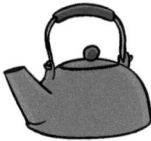

кувало за воду

kuvalo za vodu

кувало на пару

kuvalo na paru

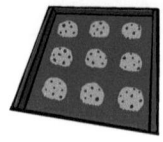

лим за печење

lim za pečenje

посуђе

posuđe

чаша

čaša

посуда

posuda

штапићи за јело

štapići za jelo

кутлача

kutlača

лопатица

lopatica

пењача

penjača

сито за кување

sito za kuvanje

сито

sito

рибеж

ribež

мужар

mužar

роштиљ

roštilj

огњиште

ognjište

даска

daska

оклагија

oklagija

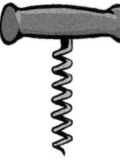

вадичеп

vadičep

конзерва

konzerva

отварач конзерви

otvarač konzervi

крпа за лонац

krpa za lonac

судопер

sudoper

четка

četka

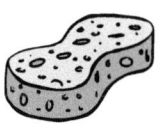

сунђер

sunđer

миксер

mikser

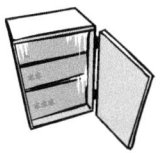

замрзивач

zamrzivač

флашица за бебе

flašica za bebe

славина за воду

slavina za vodu

купаоница
kupaonica

грејање
grejanje
туш
tuš
пешкир
peškir
завеса за туш
zavesa za tuš
пенушава купка
penušava kupka
када
kada
чаша
čaša
машина за прање веша
mašina za pranje veša
славина за воду
slavina za vodu
плочице
pločice
тута
tuta
судопер
sudoper

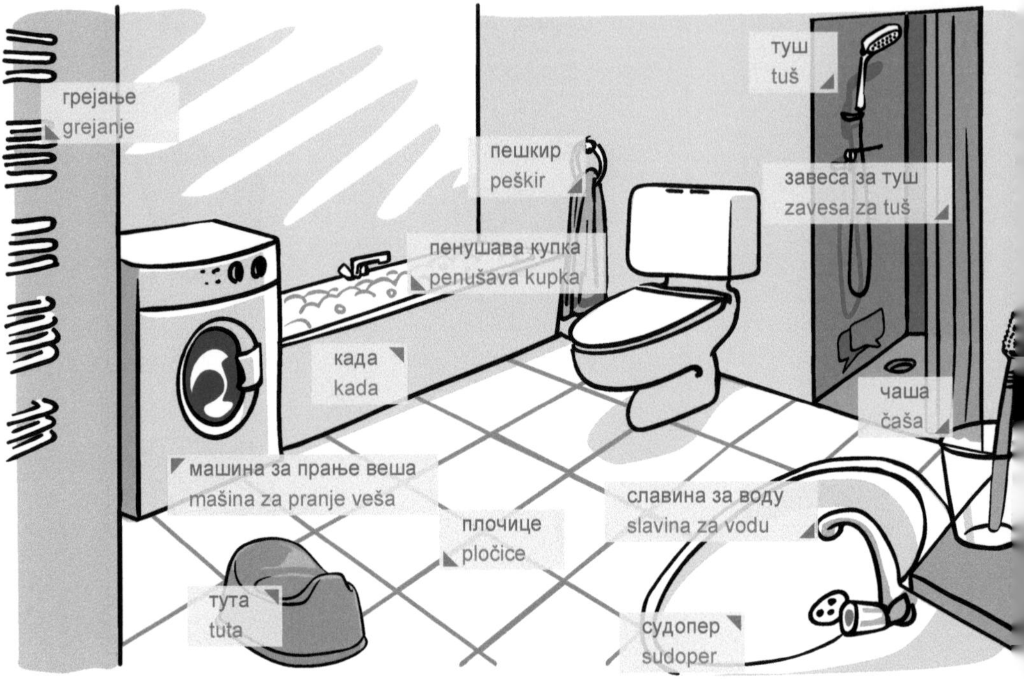

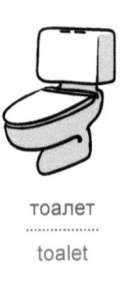

тоалет
toalet

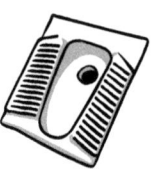

чучавац
čučavac

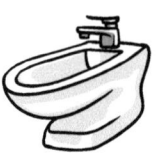

бидет
bidet

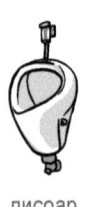

писоар
pisoar

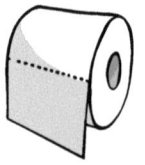

тоалетни папир
toaletni papir

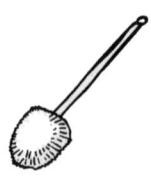

четка за тоалет
četka za toalet

четкица за зубе

četkica za zube

паста за зубе

pasta za zube

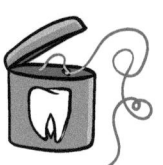

конац за зубе

konac za zube

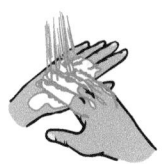

прати

prati

туш ручица

tuš ručica

туш за прање интимних делова

tuš za pranje intimnih delova

лавор

lavor

четка за прање леђа

četka za pranje leđa

сапун

sapun

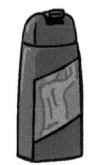

гел за туширање

gel za tuširanje

шампон

šampon

крпа за прање

krpa za pranje

одвод

odvod

крема

krema

дезодоранс

dezodorans

огледало
....
ogledalo

козметичко огледало
....
kozmetičko ogledalo

бријач
....
brijač

пена за бријање
....
pena za brijanje

лосион за после бријања
....
losion za posle brijanja

чешаљ
....
češalj

четка
....
četka

фен за косу
....
fen za kosu

спреј за косу
....
sprej za kosu

шминка
....
makeup

руж за усне
....
ruž za usne

лак за нокте
....
lak za nokte

вата
....
vata

маказе за нокте
....
makaze za nokte

парфем
....
parfem

козметичка торбица

kozmetička torbica

столица

stolica

вага

vaga

огртач

ogrtač

рукавице за чишћење

rukavice za čišćenje

тампон

tampon

уложак

uložak

хемијски тоалет

hemijski toalet

дечија соба

dečija soba

будилник
budilnik
плишана играчка
plišana igračka
аутo играчка
auto igračka
звечка
zvečka
кућица за лутке
kućica za lutke
поклон
poklon

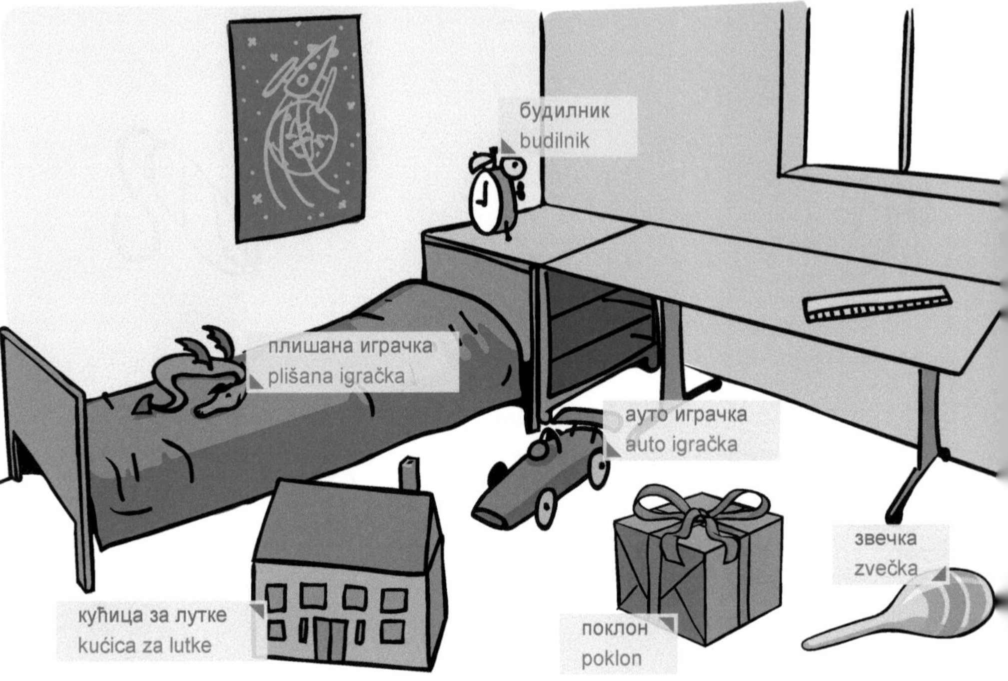

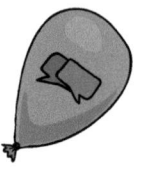

балон

balon

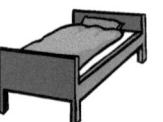

кревет

krevet

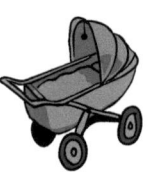

дјечија колица

dječija kolica

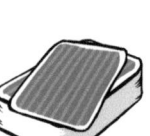

игра са картама

igra s kartama

слагалица

slagalica

SUPER MEGA

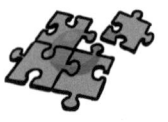

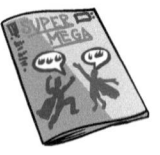

стрип

strip

лего коцкице

lego kockice

коцкице за слагање

kockice za slaganje

акциони јунак

akcioni junak

бенкица за бебе

benkica za bebe

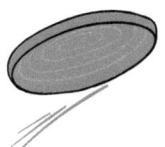

фризби

frizbi

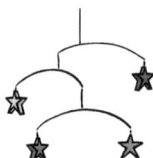

висеће играчке

viseće igračke

друштвене игре

društvene igre

коцка

kocka

минијатурна жељезница

minijaturna željeznica

дуда

duda

забава

zabava

сликовница

slikovnica

лопта

lopta

лутка

lutka

играти

igrati

пешчаник

pješčanik

љуљачка

ljuljačka

играчка

igračka

конзола за игре

konzola za igre

трицикл

tricikl

теди

tedi

ормар

ormar

одећа

odeća

кратке чарапе

kratke čarape

чарапе

čarape

хулахопке

hulahopke

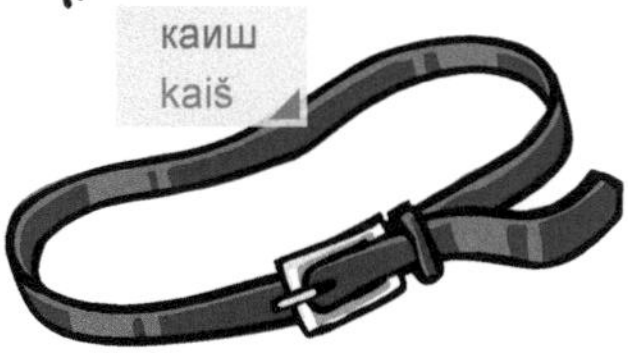

шал
šal

кишобран
kišobran

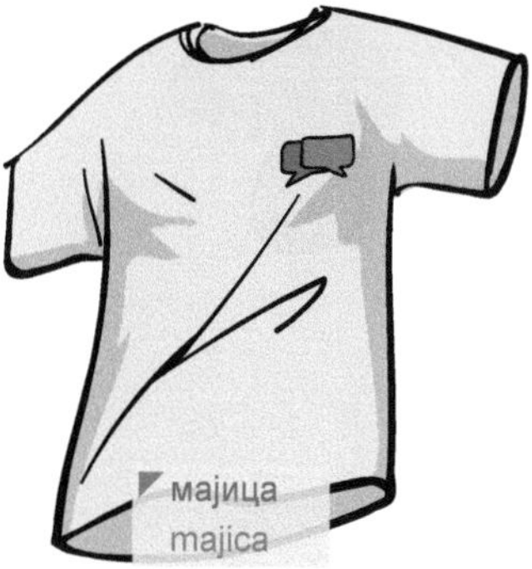

каиш
kaiš

мајица
majica

чизме
čizme

папуче
papuče

патике
patike

сандале
....
sandale

ципеле
....
cipele

гумене чизме
....
gumene čizme

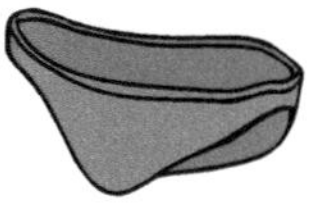

гаћице
....
gaćice

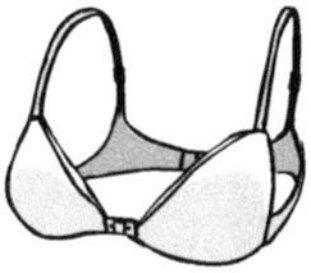

грудњак
....
grudnjak

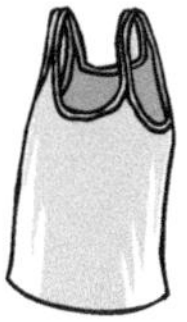

поткошуља
....
potkošulja

боди

bodi

панталоне

pantalone

фармерке

farmerke

сукња

suknja

блуза

bluza

кошуља

košulja

џемпер

džemper

џемпер с капуљачом

džemper s kapuljačom

сако

sako

јакна

jakna

мантил

kaput

кабаница

kabanica

костим

kostim

хаљина

haljina

венчаница

venčanica

одело

odelo

спаваћица

spavaćica

пиџама

pidžama

сари

sari

марама за главу

marama za glavu

турбан

turban

бурка

burka

кафтан

kaftan

абаја

abaja

купаћи костим

kupaći kostim

купаће гаћице

kupaće gaćice

кратке панталоне

kratke pantalone

одећа за тренинг

odeća za trening

кецеља

kecelja

рукавице

rukavice

дугме

dugme

наочаре

naočare

наруквица

narukvica

огрлица

ogrlica

прстен

prsten

наушница

naušnica

капа

kapa

вешалица

vešalica

шешир

šešir

кравата

kravata

патент затварач

patent zatvarač

кацига

kaciga

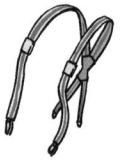

нараменице

naramenice

школска униформа

školska uniforma

униформа

uniforma

подбрадак

podbradak

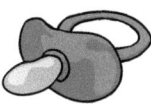

дуда

duda

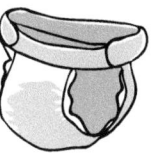

пелена

pelena

канцеларија
kancelarija

сервер
server

ормар за списе
ormar za spise

штампач
štampač

папир
papir

монитор
monitor

писаћи стол
pisaći stol

миш
miš

мапа
mapa

тастатура
tastatura

кошара за папир
košara za papir

компјутер
kompjuter

столица
stolica

шалица за каву

šalica za kavu

калкулатор

kalkulator

интернет

internet

лаптоп

laptop

писмо

pismo

порука

poruka

мобилни телефон

mobilni telefon

мрежа

mreža

уређај за копирање

uređaj za kopiranje

софтвер

softver

телефон

telefon

утичница

utičnica

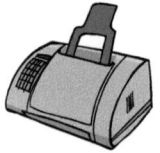

факс

faks

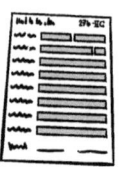

формулар

formular

документ

dokument

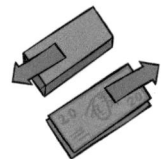

куповати

kupovati

платити

platiti

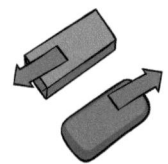

трговати

trgovati

новац

novac

долар

dolar

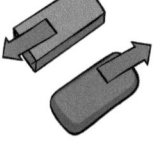 

евро

evro

јен

jen

рубља

rublja

швајцарски франак

švajcarski franak

ренминдби јуан

renmindbi juan

рупија

rupija

аутомат за новац

automat za novac

мењачница
menjačnica

злато
zlato

сребро
srebro

нафта
nafta

енергија
energija

цена
cena

уговор
ugovor

порез
porez

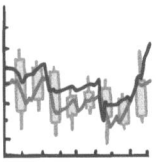

деонице
deonica

радити
raditi

службеник
službenik

послодавац
poslodavac

фабрика
fabrika

продавница
prodavnica

52   економија - ekonomija

занимања
zanimanja

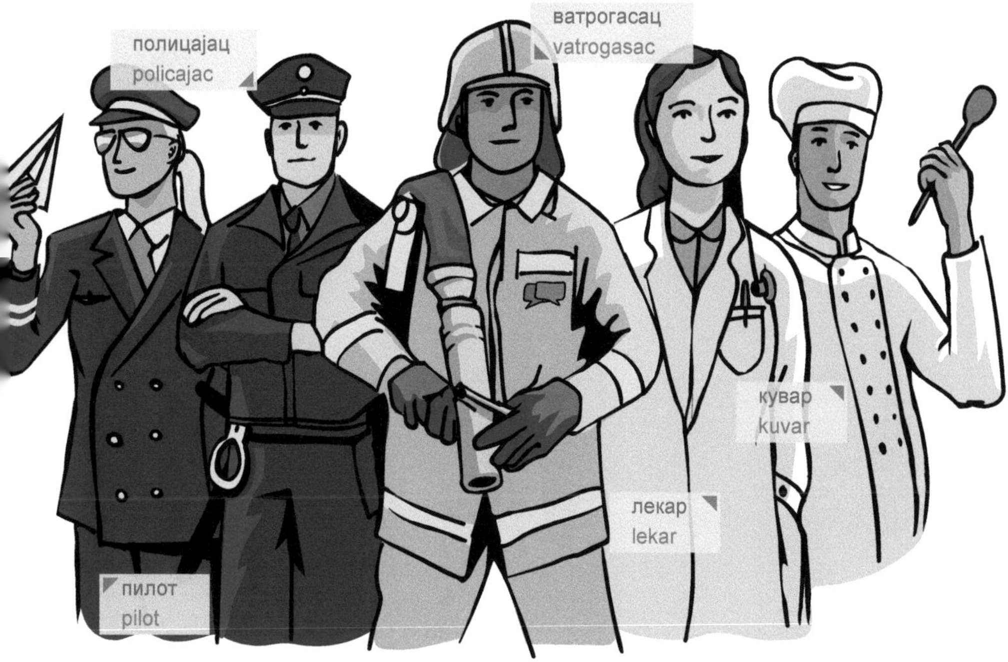
полицајац
policajac
ватрогасац
vatrogasac
кувар
kuvar
лекар
lekar
пилот
pilot

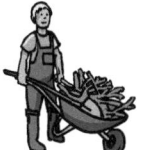

вртлар

vrtlar

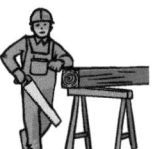

столар

stolar

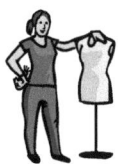

кројачица

krojačica

судија

sudija

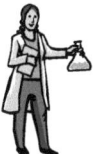

хемичар

hemičar

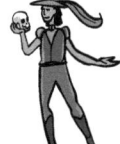

глумац

glumac

возач аутобуса

vozač autobusa

возач таксија

vozač taksija

рибар

ribar

чистачица

čistačica

кровопокривач

krovopokrivač

конобар

konobar

ловац

lovac

сликар

slikar

пекар

pekar

електричар

električar

грађевински радник

građevinski radnik

инжењер

inženjer

месар

mesar

лимар

limar

поштар

poštar

војник

vojnik

архитекта

arhitekta

благајник

blagajnik

цвећар

cvećar

фризер

frizer

кондуктер

kondukter

механичар

mehaničar

капетан

kapetan

зубар

zubar

научник

naučnik

раби

rabi

имам

imam

монах

monah

свећеник

svećenik

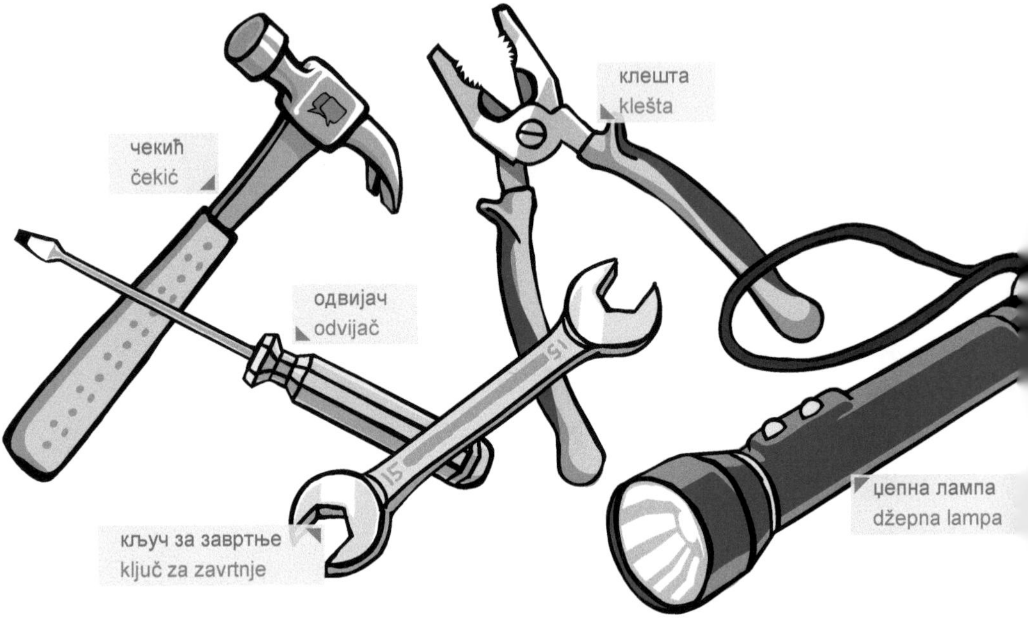

чекић
čekić

клешта
klešta

одвијач
odvijač

кључ за завртње
ključ za zavrtnje

џепна лампа
džepna lampa

багер
bager

кутија за алат
kutija za alat

мердевине
merdevine

пила
pila

ексер
ekser

бушилица
bušilica

поправити	лопата	до ђавола!
popraviti	lopata	do đavola!

лопатица	лонац за боју	завртањи
lopatica	lonac za boju	zavrtanji

музички инструмент
muzički instrument

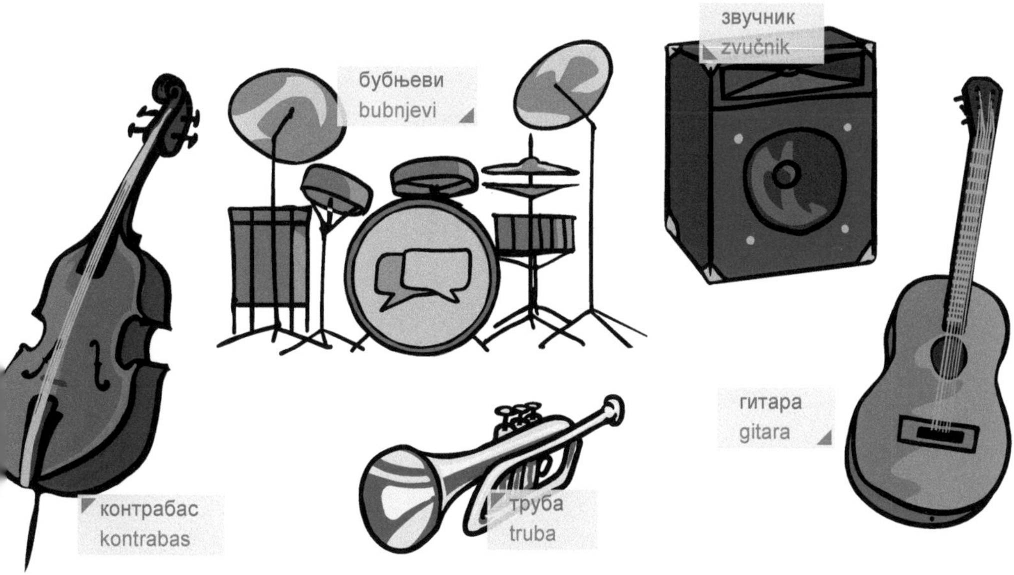

бубњеви
bubnjevi

звучник
zvučnik

контрабас
kontrabas

труба
truba

гитара
gitara

клавир

klavir

виолина

violina

бас

bas

тимпани

timpani

удараљке за бубњеве

udaraljke za bubnjeve

типке клавира

tipke klavira

саксофон

saksofon

флаута

flauta

микрофон

mikrofon

зоолошки врт

zoološki vrt

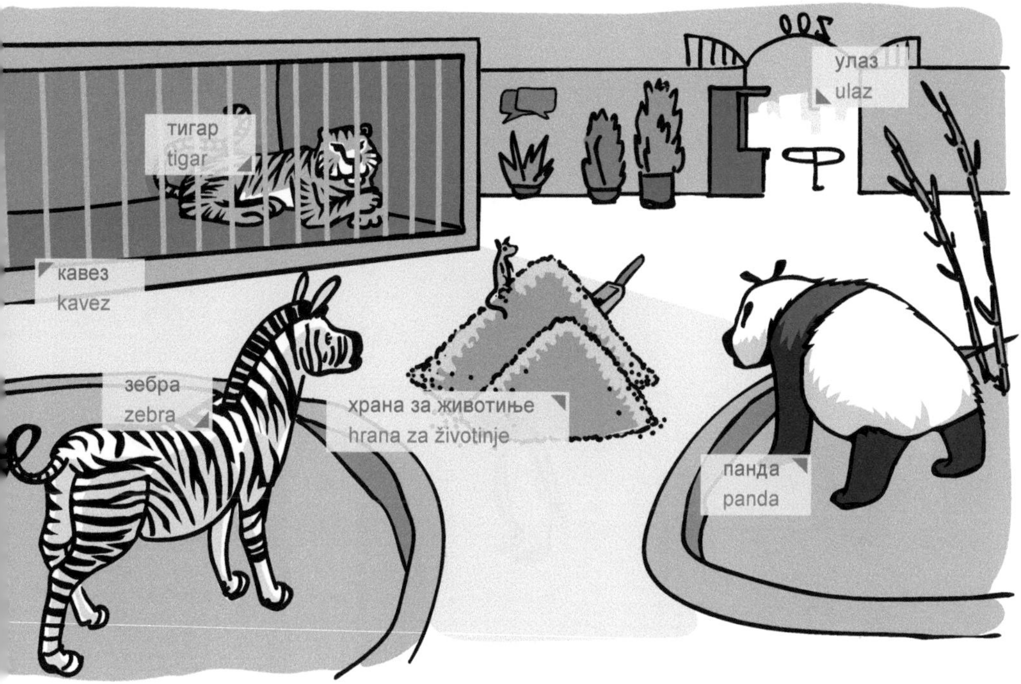
улаз
ulaz
тигар
tigar
кавез
kavez
зебра
zebra
храна за животиње
hrana za životinje
панда
panda

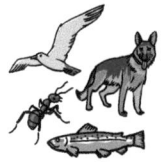

животиње

životinje

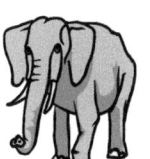

слон

slon

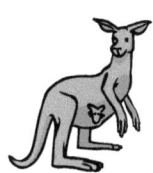

кенгур

kengur

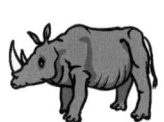

носорог

nosorog

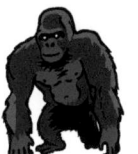

горила

gorila

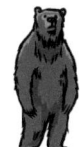

медвед

medved

камила

kamila

нoj

noj

лав

lav

мajмун

majmun

фламинго

flamingo

папагаj

papagaj

поларни медвед

polarni medved

пингвин

pingvin

аjкула

ajkula

паун

paun

змиja

zmija

крокодил

krokodil

чувар у зоолошком врту

čuvar u zoološkom vrtu

туљан

tuljan

jaгуар

jaguar

зоолошки врт - zoološki vrt

пони
poni

леопард
leopard

нилски коњ
nilski konj

жирафа
žirafa

орао
orao

дивља свиња
divlja svinja

риба
riba

корњача
kornjača

морж
morž

лисица
lisica

газела
gazela

амерички ногомет
američki nogomet

бициклизам
biciklizam

тенис
tenis

кошарка
košarka

пливање
plivanje

бокс
boks

хокеј на леду
hokej na ledu

фудбал
fudbal

бадминтон
badminton

атлетика
atletika

рукомет
rukomet

скијање
skijanje

поло
polo

активности
aktivnosti

смејати се
smejati se
скочити
skočiti
загрлити
zagrliti
ићи
ići
певати
pevati
сањати
sanjati
молити се
moliti se
пољубити
poljubiti

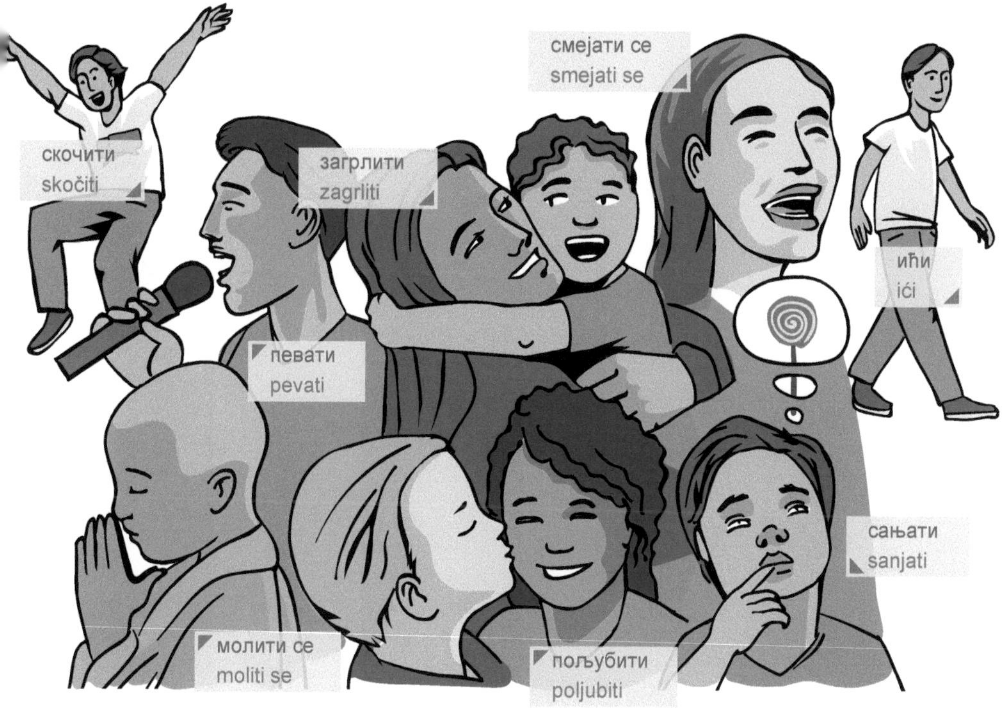

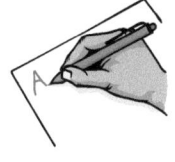

писати

pisati

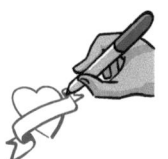

цртати

crtati

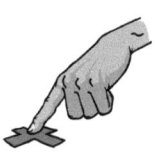

показати

pokazati

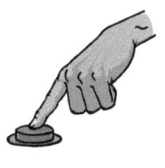

гурати

gurati

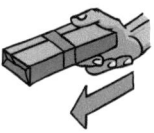

дати

dati

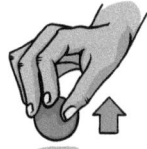

узети

uzeti

имати

imati

чинити

činiti

бити

biti

стојати

stojati

трчати

trčati

повлачити

povlačiti

бацити

baciti

падати

padati

лежати

ležati

чекати

čekati

носити

nositi

седити

sediti

облачити

oblačiti

спавати

spavati

пробудити се

probuditi se

гледати
gledati

плакати
plakati

миловати
milovati

чешљати
češljati

говорити
govoriti

разумети
razumeti

питати
pitati

слушати
slušati

пити
piti

јести
jesti

поспремити
pospremiti

волети
voleti

кухати
kuhati

возити
voziti

летети
leteti

пловити

ploviti

рачунати

računati

читати

čitati

учити

učiti

радити

raditi

венчати се

venčati se

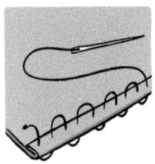

шити

šiti

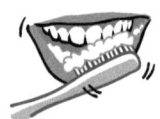

прати зубе

prati zube

убити

ubiti

пушити

pušiti

послати

poslati

породица

porodica

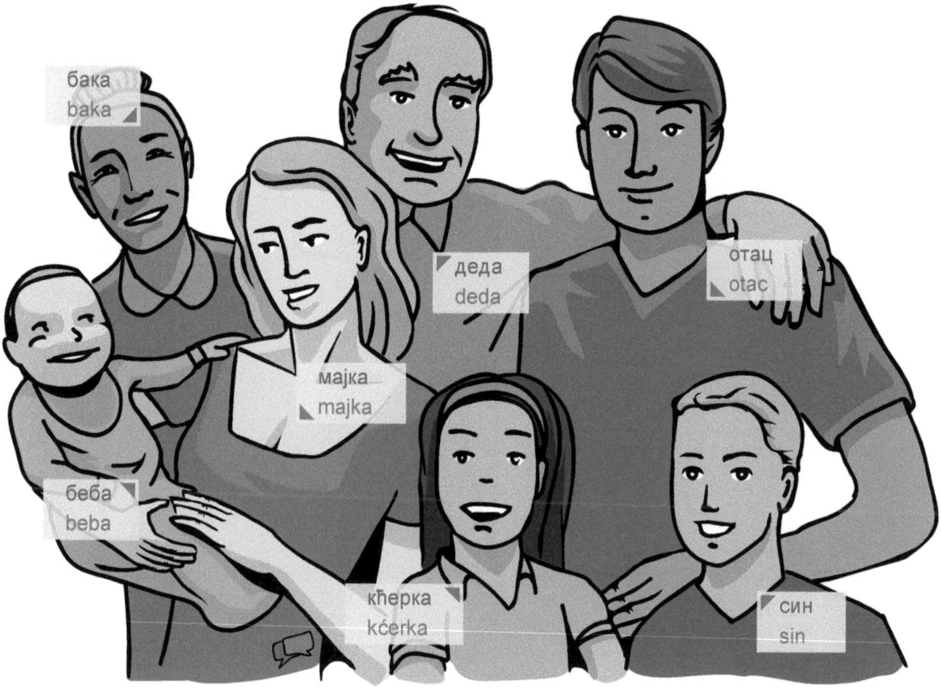

бака
baka
деда
deda
отац
otac
мајка
majka
беба
beba
кћерка
kćerka
син
sin

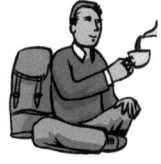

гост

gost

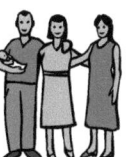

тетка

tetka

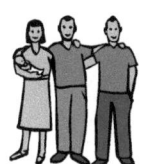

ујак, стриц

ujak, stric

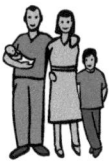

брат

brat

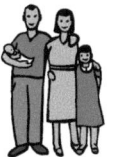

сестра

sestra

тело

telo

чело
čelo
око
oko
раме
rame
прст
prst
лице
lice
брада
brada
рука
ruka
нога
noga
груди
grudi
рука
ruka

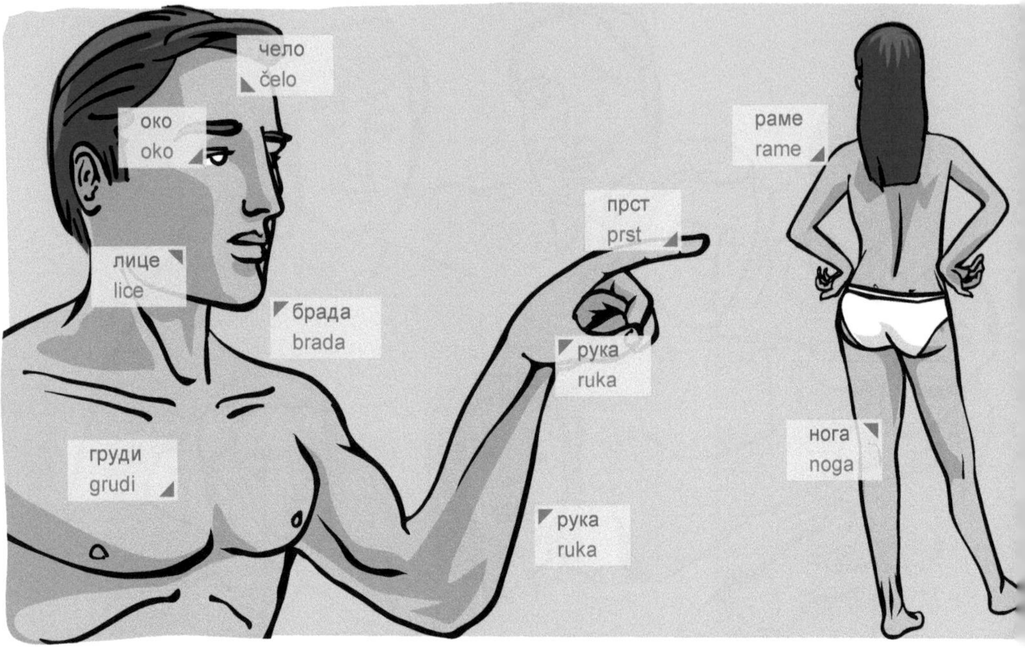

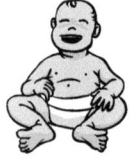

беба
beba

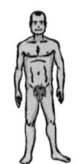

мушкарац
muškarac

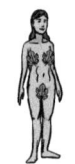

жена
žena

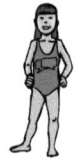

девојчица
devojčica

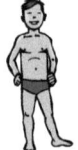

дечак
dečak

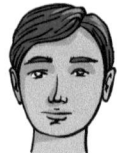

глава
glava

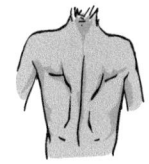

леђа
leđa

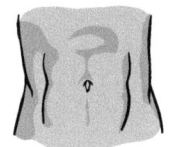

стомак
stomak

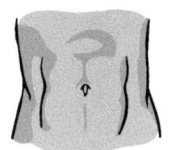

пупак
pupak

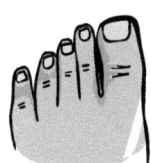

ножни прст
nožni prst

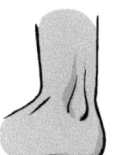

пета
peta

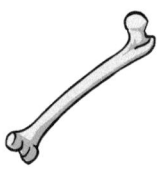

кост
kost

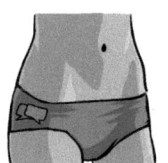

кукови
kukovi

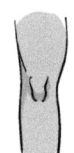

колено
koleno

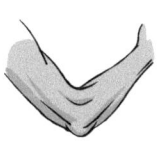

лакат
lakat

нос
nos

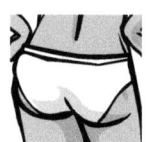

задњица
zadnjica

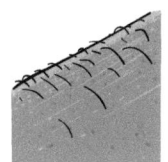

кожа
koža

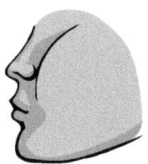

образ
obraz

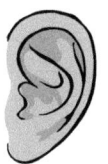

уво
uvo

усна
usna

тело - telo

уста

usta

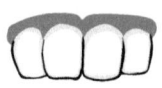

зуб

zub

језик

jezik

мозак

mozak

срце

srce

мишић

mišić

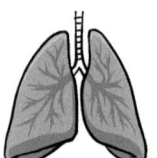

плућа

pluća

јетра

jetra

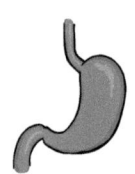

желудац

želudac

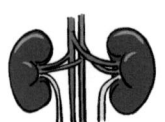

бубрези

bubrezi

полни однос

polni odnos

кондом

kondom

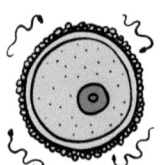

јајна ћелија

jajna ćelija

сперма

sperma

трудноћа

trudnoća

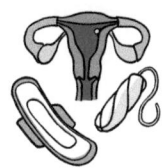

менструација

menstruacija

вагина

vagina

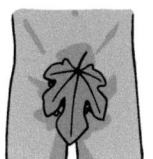

пенис

penis

обрва

obrva

коса

kosa

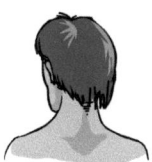

врат

vrat

болница

bolnica

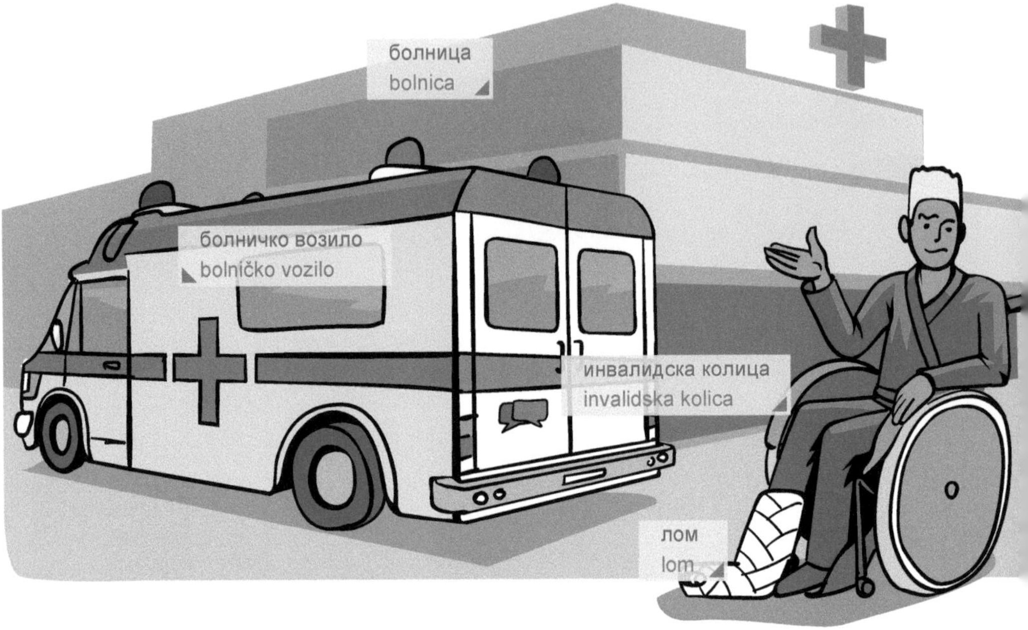

болница
bolnica
болничко возило
bolničko vozilo
инвалидска колица
invalidska kolica
лом
lom

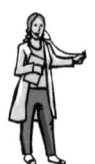

лекар

lekar

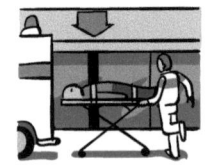

хитна медицинска служба

hitna medicinska služba

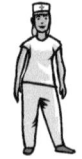

медицинска сестра

medicinska sestra

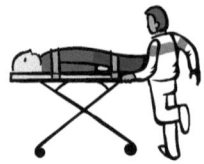

хитни случај

hitni slučaj

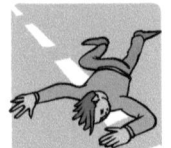

несвест

nesvest

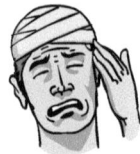

бол

bol

повреда

povreda

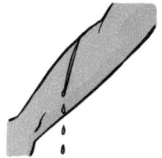

крварење

krvarenje

срчани удар

srčani udar

удар

udar

алергија

alergija

кашаљ

kašalj

грозница

groznica

грипа

gripa

пролив

proliv

главобоља

glavobolja

рак

rak

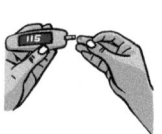

дијабетес

dijabetes

хирург

hirurg

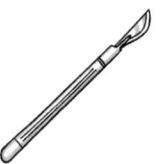

скалпел

skalpel

операција

operacija

цт

ct

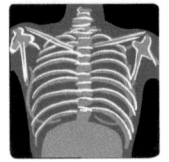

рентген

rentgen

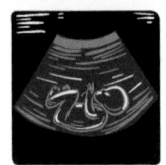

ултразвук

ultrazvuk

маска

maska

болест

bolest

чекаона

čekaona

штака

štaka

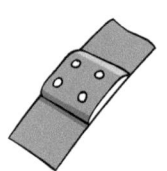

фластер

flaster

завој

zavoj

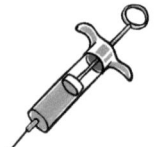

ињекција

injekcija

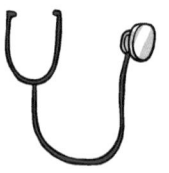

стетоскоп

stetoskop

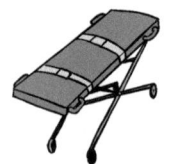

носила

nosila

термометар

termometar

рођење

rođenje

прекомерна тежина

prekomerna težina

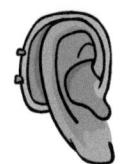

слушни апарат

slušni aparat

средство за дезинфекцију

sredstvo za dezinfekciju

инфекција

infekcija

вирус

virus

хив / аидс

HIV / AIDS

медицина

medicina

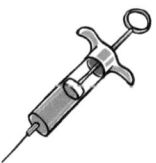

вакцинација

vakcinacija

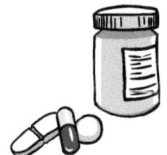

таблете

tablete

пилула

pilula

хитни позив

hitni poziv

уређај за мерење притиска

uređaj za merenje pritiska

болесно / здраво

bolesno / zdravo

помоћ!

pomoć!

аларм

alarm

насртај

nasrtaj

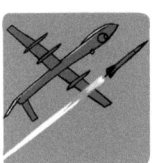

напад

napad

опасност

opasnost

излаз у случају нужде

izlaz u slučaju nužde

пожар!

požar!

противпожарни апарат

protivpožarni aparat

незгода

nezgoda

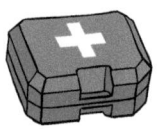

кутија прве помоћи

kutija prve pomoći

сос

sos

полиција

policija

Европа

Evropa

Северна Америка

Severna Amerika

Јужна Америка

Južna Amerika

Африка

Afrika

Азија

Azija

Аустралија

Australija

Атлантик

Atlantik

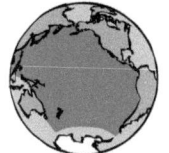

Пацифик

Pacifik

Индијски океан

Indijski okean

Антарктички океан

Antarktički okean

Арктички океан

Arktički ocean

Северни рол

Severni pol

Јужни рол
....
Južni pol

Антарктик
....
Antarktik

земља
....
zemlja

земља
....
zemlja

море
....
more

оток
....
otok

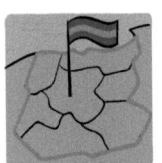

нација
....
nacija

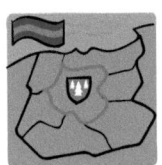

држава
....
država

земља - zemlja

бројчаник сата

brojčanik sata

сатна казаљка

satna kazaljka

минутна казаљка

minutna kazaljka

секундна казаљка

sekundna kazaljka

Колико је сати?

Koliko je sati?

дан

dan

време

vreme

сада

sada

дигитални сат

digitalni sat

минута

minuta

час

čas

понедељак
ponedeljak

MO

TU

уторак
utorak

W

среда
sreda

TH

четвртак
četvrtak

FR

петак
petak

SA

субота
subota

SO

недеља
nedelja

јуче
juče

данас
danas

сутра
sutra

јутро
jutro

подне
podne

вече
veče

радни дани
radni dani

викенд
vikend

година

godina

киша
kiša
дуга
duga
ветар
vetar
снег
sneg
пролеће
proleće
лето
leto
јесен
jesen
зима
zima

4.APRIL 11°
5.APRIL 4°
6.APRIL 13°
7.APRIL 8°
8.APRIL 10°

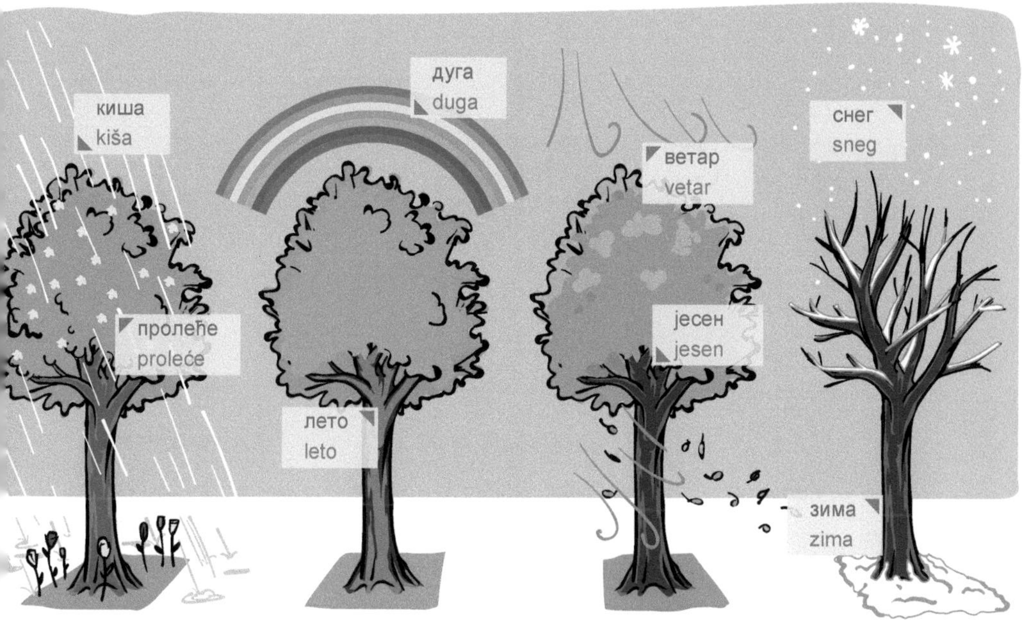

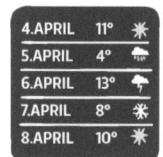

метеоролошка прогноза

meteorološka prognoza

F
C
120
90
60
30
0
-30
40
30
20
10
0
-10
-20

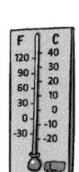

термометар

termometar

сунчана светлост

sunčana svetlost

облак

oblak

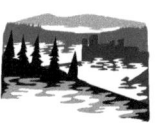

магла

magla

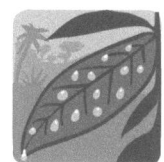

влажност ваздуха

vlažnost vazduha

муња	грмљавина	олуја
munja	grmljavina	oluja
туча	монсун	поплава
tuča	monsun	poplava
лед	јануар	фебруар
led	januar	februar
март	април	мај
mart	april	maj
јуни	јули	август
juni	juli	avgust

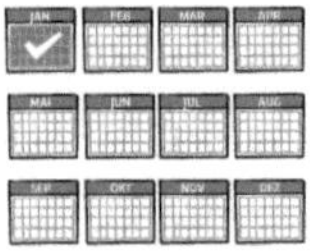

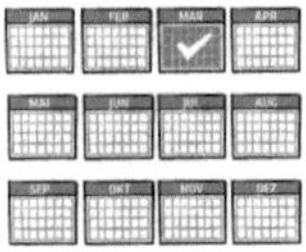

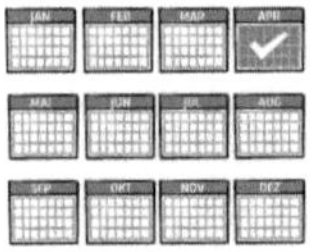

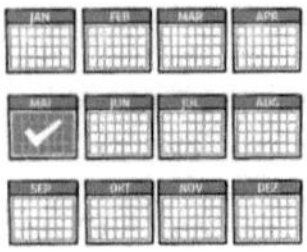

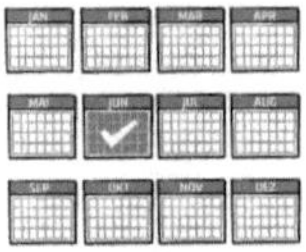

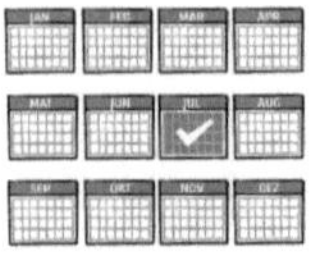

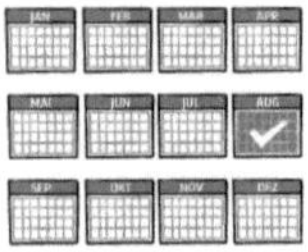

година - godina

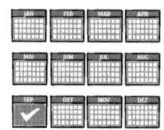

септембар
....
septembar

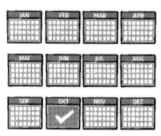

октобар
....
oktobar

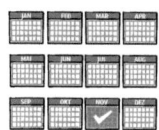

новембар
....
novembar

децембар
....
decembar

круг
....
krug

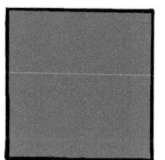

квадрат
....
kvadrat

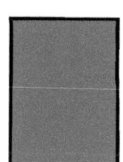

правоугао
....
pravougao

троугао
....
trougao

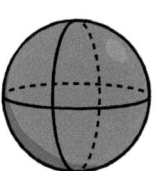

кугла
....
kugla

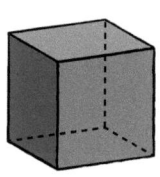

коцка
....
kocka

бела

bela

жута

žuta

наранџаста

narandžasta

ружичаста

ružičasta

црвена

crvena

љубичаста

ljubičasta

плава

plava

зелена

zelena

смеђа

smeđa

сива

siva

црна

crna

много / мало

mnogo / malo

љутито / мирно

ljutito / mirno

лепо / ружно

lepo / ružno

почетак / крај

početak / kraj

велико / малено

veliko / maleno

светло / тамно

svetlo / tamno

брат / сестра

brat / sestra

чисто / прљаво

čisto / prljavo

потпуно / непотпуно

potpuno / nepotpuno

дан / ноћ

dan / noć

мртво / живо

mrtvo / živo

широко / уско

široko / usko

јестиво / нејестиво

jestivo / nejestivo

зло / добро

zlo / dobro

узбуђено / досадно

uzbuđeno / dosadno

дебело / мршаво

debelo / mršavo

на почетку / на крају

na početku / na kraju

пријатељ / непријатељ

prijatelj / neprijatelj

пуно / празно

puno / prazno

тврдо / мекано

tvrdo / mekano

тешко / лагано

teško / lagano

глад / жеђ

glad / žeđ

болесно / здраво

bolesno / zdravo

илегално / легално

ilegalno / legalno

паметно / глупо

pametno / glupo

лево / десно

levo / desno

близу / далеко

blizu / daleko

ново / половно

novo / polovno

ништа / нешто

ništa / nešto

старо / младо

staro / mlado

укључено / искључено

uključeno / isključeno

отворено / затворено

otvoreno / zatvoreno

тихо / гласно

tiho / glasno

богато / сиромашно

bogato / siromašno

тачно / погрешно

tačno / pogrešno

храпаво / глатко

hrapavo / glatko

тужно / сретно

tužno / sretno

кратко / дуго

kratko / dugo

полако / брзо

polako / brzo

мокро / сухо

mokro / suho

топло / хладно

toplo / hladno

рат / мир

rat / mir

супротности - suprotnosti

0

нула

nula

1

један

jedan

2

два

dva

3

три

tri

4

четири

četiri

5

пет

pet

6

шест

šest

7

седам

sedam

8

осам

osam

9

девет

devet

10

десет

deset

11

једанаест

jedanaest

12	**13**	**14**
дванаест	тринаест	четрнаест
dvanaest	trinaest	četrnaest

15	**16**	**17**
петнаест	шестнаест	седамнаест
petnaest	šestnaest	sedamnaest

18	**19**	**20**
осамнаест	деветнаест	двадесет
osamnaest	devetnaest	dvadeset

100	**1.000**	**1.000.000**
стотину	хиљаду	милион
stotinu	hiljadu	milion

енглески

engleski

амерички енглески

američki engleski

мандарински кинески

mandarinski kineski

хиндски

hindski

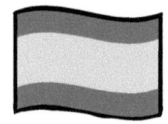

шпански

španski

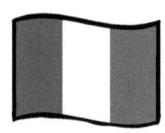

француски

francuski

арапски

arapski

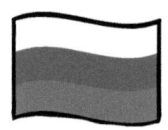

руски

ruski

португалски

portugalski

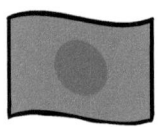

бенгалски

bengalski

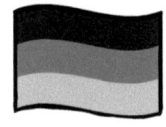

немачки

nemački

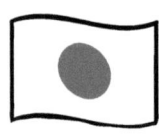

јапански

japanski

ja
ja

ти
ti

он / она / оно
on / ona / ono

ми
mi

ви
vi

они
oni

Ко?
Ko?

Шта?
Šta?

Како?
Kako?

Где?
Gde?

Када?
Kada?

HELLO, I AM

име
ime

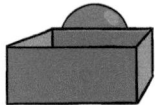

иза
....
iza

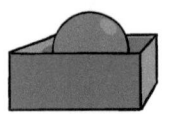

у
....
u

испред
....
ispred

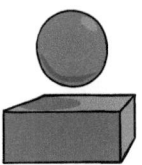

преко
....
preko

на
....
na

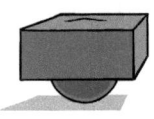

испод
....
ispod

поред
....
pored

између
....
između

место
....
mesto